In this story, you [illegible] sound. Can you find them as you read?

| | | |
|---|---|---|
| cute | blue | cube |
| use | flute | tune |

New sight words you can learn from this book

| | | |
|---|---|---|
| puppy | has | likes |
| sweet | plays | dreams |

**Coco is cute puppy.**

**The girl has a blue cube.**

**They use the cube.**

**The girl plays a flute.**

**Coco likes the tune.**

# Cute pup,
# sweet dreams.